क्या लिखूँ? क्या लिखूँ?

डॉ. बबिता 'किरण'

ज्ञान गंगा, दिल्ली

प्रकाशक : ज्ञान गंगा, 2/42, अंसारी रोड, दरियागंज, नई दिल्ली–110002
सर्वाधिकार : सुरक्षित / संस्करण : 2026 / मूल्य : दो सौ पचास रुपए
मुद्रक : यश प्रिंटोग्राफिक्स, नोएडा ISBN 978-81-960946-0-7

KYA LIKHOON? KYA LIKHOON?

Poems by Dr. Babita 'Kiran' ₹ 250.00

Published by **GYAN GANGA**

2/42, Ansari Road, Daryaganj, New Delhi-110002

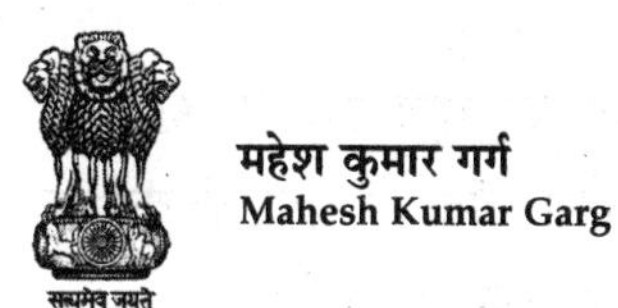

महेश कुमार गर्ग
Mahesh Kumar Garg

मुख्य प्रौद्योगिकी अधिकारी
CHIEF TECHNOLOGY OFFICER,
उत्तर रेलवे, नई दिल्ली

डॉ. बबिता गर्गजी के दूसरे काव्य-संग्रह की पांडुलिपि मेरे हाथों में है। पहला काव्य-संग्रह 'मन की अलमारी' आज से लगभग तीन वर्ष पूर्व प्रकाशित हुआ था। जहाँ मन की अलमारी के अलग-अलग खानों में अलग-अलग कविताएँ थीं, वहीं इस दूसरे काव्य-संग्रह में एक 'निरंतर' कविता है। संवेदनाओं की कवयित्री जब समाज की वेदना को नजदीक से देखती है तो उसके मन में सहज ही एक प्रश्न उभरता है कि क्या लिखूँ और फिर उसी से इस निरंतर कविता या लगातार कविता का जन्म होता है। 'क्या लिखूँ, क्या लिखूँ' मन की इसी उधेड़बुन का एक सुंदर सुनियोजित ताना-बाना है।

मुझे एक कवि की पंक्तियाँ याद आती हैं—

अश्रु नयन का क्या नाता है
आँसू भीतर से आता है
जिसका जितना दर्द बड़ा है
वह उतना अच्छा गाता है।

बबिताजी की कविता अपनी सहज-स्वाभाविक शैली में अपने परिवेश और सामाजिक परिदृश्यों के तमाम खट्टे-मीठे अनुभवों से उपजी है। उनकी रचना सीधे-सीधे पाठक के दिल के दवाजे पर दस्तक देती है और उसे समाज के प्रति उसके दायित्वों का स्मरण करा के सचेत करती है।

घर में लिखने-पढ़ने का खूब माहौल है। बबिताजी के जीवनसाथी डॉ. अजय गर्ग भी अब तक चार पुस्तकें लिख चुके हैं।

भले ही वह ज्यादातर वाणिज्यिक विषयों पर लिखते हों, साहित्यिक अभिरुचि उनमें भी कूट-कूटकर भरी हुई है। अतः यह निश्चित तौर पर कहा जा सकता है कि बबिताजी के अनवरत लेखन में पारिवारिक सहयोग और प्रोत्साहन भी कहीं-न-कहीं परिलक्षित होता है।

देश की सांस्कृतिक विरासत और भविष्य की चुनौतियों से कवयित्री भली-भाँति परिचित है। पर उनकी कविताएँ कोरी चिंता से इतर, चिंतन के लिए नई पृष्ठभूमि तैयार करती हैं। उनकी चंद पंक्तियाँ देखिए—

बढ़ती हुई आबादी लिखूँ?
या पानी की बरबादी लिखूँ
नारों से लिपी दीवार लिखूँ?
या नल से रिसती धार लिखूँ?
प्यास की बढ़ती कीमत लिखूँ
या पानी ढोती हिम्मत लिखूँ?
सोचती हूँ मैं क्या लिखूँ?

कवयित्री की इस अनवरत कविता में रिश्तों की खुशबू है, प्यार है, समाज में व्याप्त विद्रूपताओं पर प्रहार है, प्रकृति की सुंदरता से ली हुई उपमाएँ हैं, और अनेकानेक राष्ट्रीय एवं अंतरराष्ट्रीय समस्याएँ हैं, जिनका हल हमें खोजना है। 'कैसे?' यह आपको सोचना है!

मैं डॉ. बबिता गर्ग को उनकी इस नई पुस्तक के प्रकाशन पर हार्दिक बधाई देता हूँ और उम्मीद करता हूँ कि वह निरंतर अच्छा और अच्छा लिखती रहें।

समस्त शुभकामाओं सहित,

30.11.2022

(महेश गर्ग 'बेधड़क')

अपनी बात

ऐ कविता—कोटि-कोटि धन्यवाद तेरा मेरे जीवन में आने के लिए। जीवन के अवसाद भरे क्षणों में तू माँ बनकर दुलारती रही। सहेली बनकर साथ निभाती रही। तूने मुझे तब सँभाला, जब वास्तव में मैं अकेली महसूस कर रही थी। तेरा साथ पाकर मैंने जीवन का वह अनमोल खजाना पाया, जिससे मैं अभी तक वंचित थी। तूने मुझे दुनिया के कई विशिष्ट व्यक्तियों से मिलवाया, जो वास्तव में खूबसूरत दिल की दौलत लिए धनवान हैं। ऐ कविता! तू तब मेरे जीवन में आई, जब मैं उलझन में थी कि कैसे ईश्वर के दिए जीवन को सार्थक करूँ।

किसी अपने के जाने का दुःख या अचानक मिली खुशियों को मैं कविता के माध्यम से ही व्यक्त कर पाई। कितनी ही ऐसी बातें लिखने का साहस मैं जुटा पाई कविता के माध्यम से, जो शायद कभी कह नहीं सकती थी। यही प्रार्थना है मेरी, तू मेरा साथ कभी मत छोड़ना। तेरे माध्यम से मैं सही को सही तथा गलत को गलत कह पाऊँ, यही ईश्वर से मेरी याचना है।

मेरी दूसरी पुस्तक 'क्या लिखूँ' आपके हाथ में है। यह मेरा सौभाग्य है कि मेरी यह पुस्तक प्रभात प्रकाशन द्वारा प्रकाशित हुई है। मेरे विचार से हर एक व्यक्ति में कवि विद्यमान होता है। कुछ अपने भावों को लेखन का जामा पहनाकर दुनिया के सम्मुख ले आते हैं तथा कुछ नहीं ला पाते।

कविता क्या है? विभिन्न व्यक्तियों द्वारा कविता की परिभाषा भिन्न-भिन्न हो सकती है, परंतु सभी इस बात से सहमत होंगे कि नदी का प्रवाह, चिड़ियों का कलरव, पत्तियों की सरसराहट, बच्चों की मुस्कान यदि कविता

है तो मजदूर का पसीना, गरीब की बेबसी भी कविता है। सुख भी कविता है तो दु:ख भी कविता है। जीवन–पथ पर चलते–चलते पुष्पों का मधुर अहसास हो या दु:ख के काँटों की चुभन हो, दोनों ही स्थितियों में जो भाव मन में जाग्रत् होते हैं, कविता का रूप ले लेते हैं। एक कवि व लेखक की यह नैतिक जिम्मेदारी बनती है कि वह समाज में हो रहे बदलावों पर, व्याप्त कुरीतियों पर अपनी लेखनी को तलवार की भाँति प्रयोग में लाए तथा जनमानस की चेतना का साक्षी बने।

कुछ इसी प्रकार के भाव मन में लिये मैंने अपनी पुस्तक का शुभारंभ किया। अनगिनत विषय तथा हर एक विषय पर लिखना। मन में उधेड़बुन बहुत दिनों तक चलती रही कि किस विधा में लिखूँ, क्या लिखूँ? परमपिता परमेश्वर की कृपा रही कि एक निरंतर कविता ने जन्म लिया।

मेरी इस यात्रा के साक्षी बने हैं मेरे पति डॉ. अजय गर्ग, जिनके प्रोत्साहन के बिना मैं पुस्तक का कार्य पूरा कर ही नहीं पाती। बिटिया खुशी गर्ग, जो मेरी कविता की प्रथम श्रोता है। जिसका समय चुराकर मैं लेखन करती रही, परंतु उसने कभी कोई शिकायत नहीं की। ईश्वर उस पर अपना आशीर्वाद बनाए रखे। अपनी काव्य–यात्रा में हास्यकवि महेश गर्ग बेधड़कजी का विशेष सहयोग मिला।

मैं प्रणाम करती हूँ पिताश्री तथा माताश्री को, जो सदा तारे बनकर मार्ग दिखाते रहे तथा अपना आशीर्वाद देते रहे।

इस यात्रा में जो भी साथी मिले, उन सभी को मेरा प्रणाम।

अंत में अपनी यह कृति 'क्या लिखूँ' मैं अपनी कृति खुशी गर्ग को समर्पित करते हुए बहुत आनंदित हूँ।

क्या लिखूँ ? क्या लिखूँ ?

माँ शारदे की स्तुति लिखूँ
या लेखन रूपी आहुति लिखूँ!
माँ बाप का आशीर्वाद लिखूँ
या बिन उनके जीवन बर्बाद लिखूँ!!
मौत एक सच्चाई लिखूँ
या जीवन एक परछाई लिखूँ!
सोचती हूँ मैं क्या लिखूँ???

युवाओं के अरमान लिखूँ
या बिन मेहनत सम्मान लिखूँ!
आभासी दुनिया की लत लिखूँ
या लुप्त होते खत लिखूँ!!
दोस्तों की होती कमी लिखूँ
या आँखों में बसी नमी लिखूँ!
सोचती हूँ मैं क्या लिखूँ???

माँ–बाप का अंधा प्यार लिखूँ
या धृतराष्ट्र का संसार लिखूँ!
युवाओं में बढ़ता उन्माद लिखूँ
या खोया हुआ संवाद लिखूँ!!
शारीरिक दंड की बेईमानी लिखूँ
या छात्रों की होती मनमानी लिखूँ!
सोचती हूँ मैं क्या लिखूँ???

नेताओं का बढ़ता रुतबा लिखूँ
या जमाखोरी का बढ़ता कुनबा लिखूँ!
राजनीति बनी मजाक लिखूँ
या देश को लूटते काक लिखूँ!!
नेता हुआ अमीर लिखूँ
या बिका हुआ जमीर लिखूँ!
सोचती हूँ मैं क्या लिखूँ???

जाति के नाम पर अदावत लिखूँ
या रोती–सिसकती इन्सानियत लिखूँ!
खोखली होती रिवायत लिखूँ
या अंधविश्वासों की हिमायत लिखूँ!!
नजरअंदाज होती हिदायत लिखूँ
या कुछ पर होती इनायत लिखूँ!
सोचती हूँ मैं क्या लिखूँ???

सुविधाओं का अधिकार लिखूँ
या कर्तव्यों से नहीं सरोकार लिखूँ!
टैक्स की चोरी बार–बार लिखूँ
या विकास से लोग बेजार लिखूँ!!
दीमक सा वंशवाद लिखूँ
या कुनबा हुआ आबाद लिखूँ!
सोचती हूँ मैं क्या लिखूँ???

प्लास्टिक का बढ़ता उपयोग लिखूँ
या जीवन निगलता कैंसर रोग लिखूँ!
योग का नित प्रयोग लिखूँ
या रोग को दूर करता योग लिखूँ!!
मशीनों पर जीवन आश्रित लिखूँ
या शिक्षित वर्ग अशिक्षित लिखूँ!
सोचती हूँ मैं क्या लिखूँ???

पानी की बरबादी लिखूँ
या बढ़ती आबादी लिखूँ!
नारों से लिपी दीवार लिखूँ!
या नल से बहती धार लिखूँ!!
प्यास की बढ़ती कीमत लिखूँ
या पानी ढोती हिम्मत लिखूँ!
सोचती हूँ मैं क्या लिखूँ???

शहर-शहर कूड़े का पहाड़ लिखूँ
या संक्रमण, बदबू की दहाड़ लिखूँ!
फेफड़ों को मिलती हवा दूषित लिखूँ
या इन्सान ही नहीं, या पशु पक्षी भी कुपोषित लिखूँ!!
पर्यावरण की व्यथा लिखूँ
या गाड़ियाँ दौड़ाने की प्रथा लिखूँ!
सोचती हूँ मैं क्या लिखूँ???

धरती हुई बंजर लिखूँ
या प्रदूषण का खंजर लिखूँ!
फैला बीमारी का मंजर लिखूँ
या सहमे-सहमे सारे धुरंधर लिखूँ!!
आस्माँ से तेजाब बरसता लिखूँ
या इन्सान अब भी नहीं सँभलता लिखूँ!
सोचती हूँ मैं क्या लिखूँ???

भू-जल बना जहर लिखूँ
या बीमारी की चपेट में शहर लिखूँ!
व्यवसायी का खोया ईमान लिखूँ
या गैर-कानूनी कामों की तान लिखूँ!!
नदियाँ रोती-बिलखती लिखूँ
या स्वच्छ होने को सिसकती लिखूँ!
सोचती हूँ मैं क्या लिखूँ???

प्रकृति का कोहराम लिखूँ
या वसंत का अभिराम लिखूँ!
वर्षों से सोया इन्सानी जमीर लिखूँ
या सिसकती धरती की पीर लिखूँ
मानवी हस्तक्षेप से रोती प्रकृति लिखूँ!
या थमती नहीं उसकी प्रवृत्ति लिखूँ!
सोचती हूँ मैं क्या लिखूँ???

प्रकृति का शोषण लिखूँ
या लालच का पोषण लिखूँ!
संसाधनों का दोहन लिखूँ
या निद्रा में मोहन लिखूँ!!
कुदरत का हुंकार लिखूँ
या इन्सान की गुहार लिखूँ!
सोचती हूँ मैं क्या लिखूँ???

कम आमदनी अधिक खर्चा लिखूँ
या बढ़ता दर-ब-दर कर्जा लिखूँ!
मध्यम वर्ग पिसता लिखूँ
या नौकरी में जूते घिसता लिखूँ!!
गरीब की आँखों में सपने लिखूँ
या सपनो को कुचलते अपने लिखूँ!
सोचती हूँ मैं क्या लिखूँ???

हिंदुस्तान बना योगगुरु लिखूँ
या योग दिवस करवाया शुरू लिखूँ!
योग से कोरोना भी हारा लिखूँ
या अनुलोम–विलोम से मिला सहारा लिखूँ!!
मन की शांति, तन की शक्ति लिखूँ
या शक्ति में समाहित भक्ति लिखूँ!
सोचती हूँ मैं क्या लिखूँ???

शरीर को फौलाद बनाता योग लिखूँ
या अब भी बेखबर लोग लिखूँ!
निदान करता हर एक रोग लिखूँ
या जीवन में भोग ही भोग लिखूँ!!
योग की परंपरा प्राचीन लिखूँ
या पुष्ट बनते दीन–हीन लिखूँ!
सोचती हूँ मैं क्या लिखूँ???

नकल का बाजार लिखूँ
या स्वदेशी पर प्रहार लिखूँ!
चीन का बहिष्कार लिखूँ
या जन-जन का आभार लिखूँ!!
लालच सिर उठाता बार-बार लिखूँ
या अपने बने गद्दार लिखूँ!
सोचती हूँ मैं क्या लिखूँ???

अपनों-अपनों में होता व्यापार लिखूँ
या विकास का आधार लिखूँ!
बिचौलियों पर होता वार लिखूँ
या प्रधान सेवक होशियार लिखूँ!!
कम होते बेरोजगार लिखूँ
या स्वदेश से प्यार लिखूँ!
सोचती हूँ मैं क्या लिखूँ???

गरीब की गरीबी लिखूँ
या दूर होते करीबी लिखूँ!
मुफ्त सुविधाओं की याचिका लिखूँ
या भीख माँगने का नया तरीका लिखूँ!!
भीख और भिक्षा में नहीं अंतर लिखूँ
या भिखारी मस्त कलंदर लिखूँ!
सोचती हूँ मैं क्या लिखूँ???

विकास की अंधी दौड़ लिखूँ
या मानव की मानव से होड़ लिखूँ!
जीवन को खाती दवाएँ लिखूँ
या आधुनिकता की बलाएँ लिखूँ!!
फैली हुई दूषित हवाएँ लिखूँ
या काट खाती जफाएँ लिखूँ!
सोचती हूँ मैं क्या लिखूँ???

सत्य से विरक्ति लिखूँ
या असत्य से आसक्ति लिखूँ!
आतंक का विस्तार लिखूँ
या प्रेम होता तार–तार लिखूँ!!
कटु यादों का झरोखा लिखूँ
या बच्चों का संसार अनोखा लिखूँ!
सोचती हूँ मैं क्या लिखूँ???

कलयुग में राम का वनवास लिखूँ
या मन में अवसाद का वास लिखूँ!
राम पर होती राजनीति लिखूँ!
या संस्कृति रोती–बिलखती लिखूँ!
राम को बताते काल्पनिक लिखूँ
या बगले झाँकते दार्शनिक लिखूँ!
सोचती हूँ मैं क्या लिखूँ???

राम नाम जगाता विश्वास लिखूँ
या जीवन के मिटाता त्रास लिखूँ!
मर्यादित आचरण की कथा लिखूँ
या अपनत्व की जागी प्रथा लिखूँ!!
रिश्तों की मीठी डोर लिखूँ
या परंपराओं की नई भोर लिखूँ!
सोचती हूँ मैं क्या लिखूँ???

सीता का त्याग लिखूँ
या उर्मिला का बैराग लिखूँ!
भरत भातृप्रेम में खोया लिखूँ
या शत्रुघ्न द्वार पर सोया लिखूँ!!
कर्तव्य–पालन की मिसाल लिखूँ
या तकदीर का जाल लिखूँ!
सोचती हूँ मैं क्या लिखूँ???

अहिल्या का इंतजार लिखूँ
या झूठे बेरों में छिपा निर्मल प्यार लिखूँ!
हनुमान की रामभक्ति लिखूँ
या भक्ति में निहित शक्ति लिखूँ!!
केवट की अथक तपस्या लिखूँ
या मंथरा की समस्या लिखूँ!
सोचती हूँ मैं क्या लिखूँ???

चौदह बरस बाद भरत-मिलाप लिखूँ
या लखन जैसे भाई का साथ लिखूँ!
अयोध्या के मर्यादा पुरुषोत्तम राम लिखूँ
या अयोध्या में बनता नया धाम लिखूँ!!
भारत-लंका के बीच का रामसेतु लिखूँ
या हनुमान के निस्स्वार्थ काम रामहेतु लिखूँ!
सोचती हूँ मैं क्या लिखूँ???

जिंदगी पर मौत हावी लिखूँ
या डरी-सहमी पीढ़ी भावी लिखूँ!
बेरोजगारी के बढ़ते पाँव लिखूँ
या फिर से बसते गाँव लिखूँ!!
संस्कृति से दुबारा जुड़ाव लिखूँ
या जीवन में आया अनोखा पड़ाव लिखूँ!
सोचती हूँ मैं क्या लिखूँ???

महँगाई को रोती जनता लिखूँ
या मॉल इक नया बनता लिखूँ!
होटलों में उमड़ता सैलाब लिखूँ
या शरीर को गलाता तेजाब लिखूँ!!
बिन मेहनत बनना अमीर लिखूँ
या मरता हुआ जमीर लिखूँ!
सोचती हूँ मैं क्या लिखूँ???

आतंकवाद से जंग लिखूँ
या सैनिकों के अंग-भंग लिखूँ!
संसार हुआ दंग लिखूँ
या डसते हुए भुजंग लिखूँ!!
देशभक्ति की तरंग लिखूँ
या दुश्मन हुआ बेरंग लिखूँ!
सोचती हूँ मैं क्या लिखूँ???

लाजवाब विदेश नीति लिखूँ
या विपक्ष की अनीति लिखूँ!
भारत का बढ़ता रुतबा लिखूँ
या दुश्मनों का खत्म होता कुनबा लिखूँ!!
नापाक की नीच हरकत लिखूँ
या आतंक में खुलेआम शिरकत लिखूँ!
सोचती हूँ मैं क्या लिखूँ???

इकहत्तर की विजय-गाथा लिखूँ
या राष्ट्रवाद फोड़ता माथा लिखूँ!
प्रधानमंत्री के रक्षात्मक निर्देश लिखूँ
या छंब गँवाने का संदेश लिखूँ!
महान जनरल की सैन्य विजय लिखूँ
या कश्मीर मुद्दे की पराजय लिखूँ!
सोचती हूँ मैं क्या लिखूँ???

किसानों के आंदोलन का राजनीतीकरण लिखूँ
या देशद्रोहियों-आतंकियों का समीकरण लिखूँ!
राष्ट्रविरोधी तत्त्वों का दुष्कृत्य लिखूँ
या देशभक्तों का सत्य लिखूँ!!
कृषि-कानूनों से आढ़ती डरता लिखूँ
या गरीब किसान उभरता लिखूँ!
सोचती हूँ मैं क्या लिखूँ???

दौलत की चाहत लिखूँ
या गरीब की शामत लिखूँ!
कर्म दिशाहीन लिखूँ
या कर्मकांड में फँसा दीन लिखूँ!!
खंडित होता विश्वास लिखूँ
या मानव बनता राक्षस लिखूँ!
सोचती हूँ मैं क्या लिखूँ???

आरक्षण बना जंजाल लिखूँ
या प्रतिभाओं का अकाल लिखूँ!
मन में होता मलाल लिखूँ
या अवसाद का बढ़ता जाल लिखूँ!!
बेरोज़गारी का सवाल लिखूँ
या शिक्षित युवा बेहाल लिखूँ!
सोचती हूँ मैं क्या लिखूँ???

सैनिकों का बढ़ता सम्मान लिखूँ
या दिलों में बसा देश का मान लिखूँ!
हार से न विचलित जवान लिखूँ
या दुश्मन के लिए बना हैवान लिखूँ!!
तिरंगे में बसी सैनिक की जान लिखूँ
या देश पर निछावर होना शान लिखूँ!
सोचती हूँ मैं क्या लिखूँ???

पश्चिमी सभ्यता का अनुसरण लिखूँ
या जीवन मशीनों की शरण लिखूँ!
जीवन होता व्यर्थ लिखूँ
या भ्रष्टाचारी समर्थ लिखूँ!!
मोबाइल में खोया बचपन लिखूँ
या माँ-बाप की तड़पन लिखूँ!
सोचती हूँ मैं क्या लिखूँ???

कंप्यूटर का बढ़ता व्यापार लिखूँ
या कागज का सिकुड़ता कारोबार लिखूँ!
मोबाइल बिन गुजरता दिन बेकार लिखूँ
या गले में लटके मोबाइल तार लिखूँ!!
ऐप–मैसेज देखने की जल्दबाजी लिखूँ
या मोबाइल पासवर्ड की प्रत्येक चाबी लिखूँ!
सोचती हूँ मैं क्या लिखूँ???

मोबाइल टावर्स का फैला जाल लिखूँ
या तरंगे बने जिंदगी का जंजाल लिखूँ!
बेतहाशा बढ़ते ट्रैफिक का हाल लिखूँ
या आईफोन नहीं होने का मलाल लिखूँ!!
यूट्यूब से कुछ होते मालामाल लिखूँ
या टूटे मोबाइल की बिगड़ी चाल लिखूँ!
सोचती हूँ मैं क्या लिखूँ???

सर्जिकल स्टारइक पर तोहमत लिखूँ
या कुरसी की बढ़ती चाहत लिखूँ!
घोटालों में नेता लिप्त लिखूँ
या संस्कारों से रिक्त लिखूँ!!
देश-सेवा का अकाल लिखूँ
या धर्मांधता विकराल लिखूँ!
सोचती हूँ मैं क्या लिखूँ???

इक-दूजे से होड़ लिखूँ
या लालच की दौड़ लिखूँ!
युवाओं में बढ़ता रोष लिखूँ
या होश में न जोश लिखूँ!!
किसका लेकिन दोष लिखूँ
या कायम कैसे होश लिखूँ!
सोचती हूँ मैं क्या लिखूँ???

कानून की खामियाँ लिखूँ
या चेहरों पर छाई बदहवासियाँ लिखूँ!
नेता–पुलिस की मिलीभगत लिखूँ
या अपराधी करते जुगत लिखूँ!
माफिया का बढ़ता आतंक लिखूँ
या आतंकियों को पालते सामंत लिखूँ!
सोचती हूँ मैं क्या लिखूँ???

मोदी की स्वार्थहीन सेवा लिखूँ
या दुश्मनों का खत्म होता मेवा लिखूँ!
अंखड भारत का संकल्प लिखूँ
या नहीं अन्य कोई विकल्प लिखूँ!
टुकड़े–टुकड़े गैंग की फुस–फुस हवा लिखूँ
या बहती विकास की दवा लिखूँ!
सोचती हूँ मैं क्या लिखूँ???

नव–जीवन का संचार लिखूँ
या होता नरसंहार लिखूँ!
मजहब का विस्तार लिखूँ
या दिलों में भरी दरार लिखूँ!!
भोजन का तिरस्कार लिखूँ
या भूख से लोग बेजार लिखूँ!
सोचती हूँ मैं क्या लिखूँ???

प्रकृति का रोष लिखूँ
या मानव का दोष लिखूँ!
जीवन से लाचार लिखूँ!
या हिम्मत का संसार लिखूँ!
लुप्त होता अभिसार लिखूँ!
या विकास से होती मार लिखूँ!
सोचती हूँ मैं क्या लिखूँ???

जिंदगी की रवानी लिखूँ
या भोग में डूबी जवानी लिखूँ!
सोती हुई जिंदगानी लिखूँ
या लहू बना पानी लिखूँ!!
देशद्रोह की कहानी लिखूँ
या बिकती हुई निशानी लिखूँ!
सोचती हूँ मैं क्या लिखूँ???

कथनी और करनी में अंतर लिखूँ
या हार-जीत का मंतर लिखूँ!
शिक्षा का गिरता स्तर लिखूँ
या संस्कार होते बदतर लिखूँ!!
महत्त्वाकांक्षाओं का जाल लिखूँ
या संस्कारों का काल लिखूँ!
सोचती हूँ मैं क्या लिखूँ???

अपनों से बिछड़ना लिखूँ
या संग रहकर लड़ना लिखूँ!
घर बनते मकान लिखूँ
या कर्मों से दुःखी इन्सान लिखूँ!!
शतरंज सजाते नेता लिखूँ
या जनता को बरगलाते लिखूँ!
सोचती हूँ मैं क्या लिखूँ???

मजहब की कट्टरता लिखूँ
या बढ़ती बर्बरता लिखूँ!
देश से नमकहरामी लिखूँ
या गरिमा की नीलामी लिखूँ!!
अभिव्यक्ति में देशद्रोह लिखूँ
या अंतरात्मा से विद्रोह लिखूँ!
सोचती हूँ मैं क्या लिखूँ???

रोहिंग्यों का सम्मान लिखूँ
या प्रधान सेवक का अपमान लिखूँ!
बेसुरे सुरों की तान लिखूँ
या दुश्मन की बढ़ाती शान लिखूँ!!
ईंट-पत्थरों का जंजाल लिखूँ
या तस्करी का मायाजाल लिखूँ!
सोचती हूँ मैं क्या लिखूँ???

कोरोना का कोहराम लिखूँ
या संस्कृति का विस्तृत आयाम लिखूँ!
प्रकृति का रूप अभिराम लिखूँ
या सुंदर-मनोहर शाम लिखूँ!!
स्वच्छता का अभियान लिखूँ
या प्रधान सेवक आशावान लिखूँ!
सोचती हूँ मैं क्या लिखूँ???

मायानगरी का काला सच लिखूँ
या दिलों में समाया लालच लिखूँ!
गूँगे-बहरों का जमावड़ा लिखूँ
या जमीर गला-सड़ा लिखूँ!!
परदे पर महानायक लिखूँ
या असलियत में नालायक लिखूँ!
सोचती हूँ मैं क्या लिखूँ???

हत्या का रचा कथानक लिखूँ
या मासूम चेहरा भयानक लिखूँ!
सपनों पर हुआ तुषारापात लिखूँ!
या दिन भी हुआ रात लिखूँ!!
कलयुग में रोता इंसाफ लिखूँ!
या माफिया-पुलिस का ग्राफ लिखूँ!
सोचती हूँ मैं क्या लिखूँ???

कामकाजी महिलाओं की व्यथा लिखूँ
या दो पाटों में पिसती कथा लिखूँ!
समय से पहले मुरझाई लिखूँ
या बंधनों में आज भी कसमसाई लिखूँ!!
औरत मात्र इक शरीर लिखूँ
या इश्तहार की बनी तहरीर लिखूँ!
सोचती हूँ मैं क्या लिखूँ???

दुनिया नारी की आभारी लिखूँ
या नारी स्वयं से हारी लिखूँ!
ईश्वर की कृति न्यारी लिखूँ
या स्वयं को छोड़ सब की प्यारी लिखूँ!!
नसीब में बस जिम्मेदारी लिखूँ
या निभाती खुशी-खुशी सारी लिखूँ!
सोचती हूँ मैं क्या लिखूँ???

नारी त्याग की मूरत लिखूँ
या पूरी करती सबकी जरूरत लिखूँ!
रिश्तों को सँभालती डोर लिखूँ
या सुबह की उजली भोर लिखूँ!!
करती मेहनत पुरजोर लिखूँ
या फिर भी उसे कमजोर लिखूँ!
सोचती हूँ मैं क्या लिखूँ???

'बेटी बचाओ, बेटी पढ़ाओ' का नारा लिखूँ
या समय से पहले बनती तारा लिखूँ!
नवरात्रों में होता कन्या-पूजन लिखूँ
या शरीर पर मार से उभरी सूजन लिखूँ!!
बेटे की आस, बेटी का सर्वनाश लिखूँ
या दहेज का जकड़ता पाश लिखूँ!
सोचती हूँ मैं क्या लिखूँ???

माँ का निस्स्वार्थ प्यार लिखूँ
या बच्चों के सपनों का संसार लिखूँ!
कोमल पंखों को देती उड़ान लिखूँ
या रोकती हर एक तूफान लिखूँ!!
जीवन भर करती परिश्रम लिखूँ
या तकदीर में वृद्धाश्रम लिखूँ!
सोचती हूँ मैं क्या लिखूँ???

बच्चे भविष्य का आधार लिखूँ
या बचपन थका हारा लिखूँ!
घरों में कैद बचपन लिखूँ
या बाहरी दुनिया से अनबन लिखूँ!!
सूनी-सूनी गलियाँ लिखूँ
या रोती-सिसकती बागों की कलियाँ लिखूँ!
सोचती हूँ मैं क्या लिखूँ???

चाटुकारों का होता सम्मान लिखूँ
या बुद्धिजीवियों का अपमान लिखूँ!
बिक रहा विद्या का दान लिखूँ
या दौलत बनी भगवान लिखूँ!!
मंचों पर उछलते चुटकले लिखूँ
या लिखना आए नहीं, झाँकते बगलें लिखूँ!
सोचती हूँ मैं क्या लिखूँ???

धरती हुई बंजर लिखूँ
या प्रदूषण का खंजर लिखूँ!
फैला बीमारी का मंजर लिखूँ
या सहमे-सहमे सारे धुरंधर लिखूँ!!
आसमान से तेजाब बरसता लिखूँ
या इन्सान अब भी नहीं सँभलता लिखूँ!
सोचती हूँ मैं क्या लिखूँ???

तीन तलाक से होती बरबादी लिखूँ
या बेतहाशा बढ़ती आबादी लिखूँ!
अपमान की क्यों नारी आदी लिखूँ
या बुर्के से छिनती आजादी लिखूँ!!
हलाला की त्रासदी लिखूँ
या इक्कीसवीं सदी लिखूँ!
सोचती हूँ मैं क्या लिखूँ???

भारत का स्वर्ग कश्मीर लिखूँ
या कश्मीरी पंडितों की पीर लिखूँ!
सेना पर पत्थर बरसते लिखूँ
या फिर भी आतंकवाद से लड़ते लिखूँ!!
आमजन को बरगलाता दुश्मन लिखूँ
या कश्मीर को हथियाने का स्वप्न लिखूँ!
सोचती हूँ मैं क्या लिखूँ???

आभासी दुनिया की हद लिखूँ
या बेशर्मी का बढ़ता कद लिखूँ!
बीमार जवानी लिखूँ
या खत्म होती कहानी लिखूँ!!
छोड़ी न कोई निशानी लिखूँ
या जिंदगी की रवानी लिखूँ!
सोचती हूँ मैं क्या लिखूँ???

दुश्मनों को बेहाल लिखूँ
या चलते चाल पर चाल लिखूँ!
ईश्वर का धमाल लिखूँ
या कुदरत का कमाल लिखूँ!!
विपक्षी स्वार्थ की रोटी सेकते लिखूँ
या सही मुद्दों पर सरकार को घेरते लिखूँ!
सोचती हूँ मैं क्या लिखूँ???

लापरवाह जवानी लिखूँ
या बिगड़ती भविष्य की कहानी लिखूँ!
फलों का तिरस्कार लिखूँ
या सेहत नहीं दमदार लिखूँ!!
व्यायाम, योग से दूरी लिखूँ
या जिंदगी बना ली मजबूरी लिखूँ!
सोचती हूँ मैं क्या लिखूँ???

दुर्घटना में घायल लोग लिखूँ
या अनदेखी का बढ़ता रोग लिखूँ!
नियमों की अवहेलना लिखूँ
या उम्र भर कष्ट झेलना लिखूँ!!
रिश्वत दे काम निकालना लिखूँ
या सरकार को कोसना लिखूँ!
सोचती हूँ मैं क्या लिखूँ???

गरीब की आँखों में सपने लिखूँ
या सपनो को कुचलते अपने लिखूँ!
अन्नदाता की नादानी लिखूँ
या बरगलाते नेताओं की कहानी लिखूँ!
नेता–पुलिस की मिलीभगत लिखूँ
या माफिया का जगमगाता जगत लिखूँ!!
सोचती हूँ मैं क्या लिखूँ???

इंसान करता ऐब लिखूँ
या जिंदगी देती फरेब लिखूँ!
सपनों से दूरी लिखूँ
या जिंदगी अधूरी लिखूँ!!
मेहनत बनी कमजोरी लिखूँ
या समाज में फैली मुफ्तखोरी लिखूँ!
सोचती हूँ मैं क्या लिखूँ???

घरेलू कामों से घृणा लिखूँ
या सुविधाओं की बढ़ती तृष्णा लिखूँ!
मोटापे की शिकायत लिखूँ
या जिम की रिवायत लिखूँ!
दवाइयों की शरण में जीवन लिखूँ
या अधूरे जीवन के स्वप्न लिखूँ!
सोचती हूँ मैं क्या लिखूँ???

पीठ में खोंपता छुरा पाक लिखूँ
या हरकतें उसकी नापाक लिखूँ!
दुश्मन के साथ खड़ा विपक्ष लिखूँ
या सोच कभी भी न निष्पक्ष लिखूँ!!
बेमतलब के सवाल लिखूँ
या मचाते देश में बवाल लिखूँ!
सोचती हूँ मैं क्या लिखूँ???

संवेदनाओं का हनन लिखूँ
या मानव करता नहीं मनन लिखूँ!
वृद्धाश्रम का चलन लिखूँ
या रिश्तों में बढ़ती जलन लिखूँ!!
एकल परिवार की परेशानी लिखूँ
या संयुक्त परिवार बनता कहानी लिखूँ!
सोचती हूँ मैं क्या लिखूँ???

पुरुष का झूठा अहम लिखूँ
या दिलों में पलता वहम लिखूँ!
पति-पत्नी में होती तकरार लिखूँ
या सास-बहू की घटती रार लिखूँ!!
महत्त्वाकांक्षाओं का बोझ लिखूँ
या पूरा नहीं होने पर रोष लिखूँ!
सोचती हूँ मैं क्या लिखूँ???

जीवन की समस्याएँ लिखूँ
या उनसे मिलती सफलताएँ लिखूँ!
संभावनाओं का बढ़ता संसार लिखूँ
या हुनर, कौशल की तेज धार लिखूँ!!
सकरात्मक सोच से मिलती सफलता लिखूँ
या उम्मीद से हारती विफलता लिखूँ!
सोचती हूँ मैं क्या लिखूँ???

गाँव-गाँव की कहानी लिखूँ
या कुएँ का मीठा पानी लिखूँ!
चौपाल पर होती पंचायत लिखूँ
या तसल्ली से सुनी शिकायत लिखूँ!!
हुक्का गुड़गुड़ाते बुजुर्ग लिखूँ
या मुसीबत से बचाते दुर्ग लिखूँ!
सोचती हूँ मैं क्या लिखूँ???

बाँस की खटिया, सुराही का पानी लिखूँ
या सुख-संतोष से गुजरती जिंदगानी लिखूँ!
राम-राम से होता अभिवादन लिखूँ
या प्रकृति का सौंदर्य मनभावन लिखूँ!!
खेत-खलिहानों में उगता सोना लिखूँ
या नकली सोने की खातिर रोना लिखूँ!
सोचती हूँ मैं क्या लिखूँ???

आसमान छूती इमारतें लिखूँ
या लोग धूप को तरसते लिखूँ!
जोड़ों में दर्द, विटामिन की कमी लिखूँ
या जिंदगी जरा थमी-थमी लिखूँ!!
सुख-सुविधाओं की बीन लिखूँ
या जिंदगी बनी मशीन लिखूँ!
सोचती हूँ मैं क्या लिखूँ???

कलयुग में परिवार बस नाम का लिखूँ
या बेटा-बेटी जवानी में भी न काम का लिखूँ!
युवाओं के लिए घर धर्मशाला लिखूँ
या अपने में मस्त, जिम्मेदारी से न पाला लिखूँ!!
सुनकर अनसुना करने का हुनर लिखूँ
या माँ को माँ नहीं नौकर लिखूँ!
सोचती हूँ मैं क्या लिखूँ???

फेसबुक, इंस्टाग्राम, बनते ब्लैक होल लिखूँ
या फेक न्यूज का झोल लिखूँ!
तकनीक के साथ बढ़ते कदम लिखूँ
या साथ रहते हुए भी दूर हमदम लिखूँ!!
मोबाइल में सिमटा संसार लिखूँ
या मिलना-जुलना अब बेकार लिखूँ!
सोचती हूँ मैं क्या लिखूँ???

खाने के लिए जीना लिखूँ
या खाते-खाते मरना लिखूँ!
पौष्टिकता पर हावी स्वाद लिखूँ
या स्वाद से बनता मवाद लिखूँ!!
दादी माँ के नुस्खे गजब लिखूँ
या युवाओं का खाना अजब लिखूँ!
सोचती हूँ मैं क्या लिखूँ???

लघु उद्योग होता तार-तार लिखूँ
या स्थापित होता बड़ा व्यापार लिखूँ!
विदेशी नौकरी की बढ़ती चाहत लिखूँ
या संस्कृति होती हताहत लिखूँ!!
आत्मनिर्भर भारत का स्वप्न लिखूँ
या मुफ्तखोरों का कमीनापन लिखूँ!
सोचती हूँ मैं क्या लिखूँ???

शांति में बीता सीधा सा जीवन लिखूँ
या भाई–भाई का कमीनापन लिखूँ!
कर्मपथ पर निर्बाध बहता जीवन लिखूँ
या फल की आस में बिता दिन लिखूँ!!
मन के साज छेड़ती सूर्य किरण लिखूँ
या बंद कमरे की सड़ी घुटन लिखूँ!
सोचती हूँ मैं क्या लिखूँ???

मोहल्लों में बीता छुद्र बचपन लिखूँ
या सुखद बुढ़ापे की उम्र पचपन लिखूँ!
क्रिकेट के मैदान में अकसर बना जीरो लिखूँ
या भाषणों से बनती छवि हीरो लिखूँ!!
छोटी सी दुबली कद–काठी लिखूँ
या चोर पर चलाई वह लाठी लिखूँ!
सोचती हूँ मैं क्या लिखूँ???

सफलता की बुलंदी का राज लिखूँ
या अपने मुझसे होते नाराज लिखूँ!
भरी नींद में देखे सपने लिखूँ
या नींद उड़ाते वे अपने लिखूँ!!
कर्मों की खेती बार-बार लिखूँ
या सफलता का छपा इश्तिहार लिखूँ!
सोचती हूँ मैं क्या लिखूँ???

पैसे के दम पर मिली सफलता लिखूँ
या कड़ी मेहनत की विफलता लिखूँ!
घरों में दुबके कामचोर लिखूँ
या मस्तीखोर मचाते शोर लिखूँ!!
दस-दस बार मिली हार लिखूँ
या मिली सफलता इक बार लिखूँ!
सोचती हूँ मैं क्या लिखूँ???

पग-पग उलझी सी जिंदगी लिखूँ
या दिमाग में घुसी गंदगी लिखूँ!
पगडंडी पर चलता धीमा जीवन लिखूँ
या पक्की सड़क से कटता वन लिखूँ!
हर मोड़ पर मिली उलझन लिखूँ
या जीवन जीती वह गुंजन लिखूँ!
सोचती हूँ मैं क्या लिखूँ???

किसान स्वयं से ही नाराज लिखूँ
या गोदामों में सड़ता अनाज लिखूँ!
घर से बेघर होता मजदूर लिखूँ
या शोषण को सहता वह मजबूर लिखूँ!!
अपनी माटी से दूर जाते पाँव लिखूँ
या पल-पल याद आते गाँव लिखूँ!
सोचती हूँ मैं क्या लिखूँ???

गाँव की मिट्टी की सुगंध लिखूँ
या बड़े शहर की तीखी दुर्गंध लिखूँ!
नीम के पेड़ की नरम छाँव लिखूँ
या शहरी गोबर में सना पाँव लिखूँ!!
नलकूप से निकला शुद्ध पानी लिखूँ
या परेशानी में याद आती नानी लिखूँ!
सोचती हूँ मैं क्या लिखूँ???

धार्मिक सद्भाव के मीठे किस्से लिखूँ
या असहिष्णुता में बँटे हिस्से लिखूँ!
राजनीति और गुंडई का जोड़ लिखूँ
या मानसिक गंदगी का तोड़ लिखूँ!!
बेरोजगार की बेबसी का हिसाब लिखूँ
या कामचोरी का चलन बेहिसाब लिखूँ!
सोचती हूँ मैं क्या लिखूँ???

मोटर–कारों का कानफोड़ू शोर लिखूँ
या जानलेवा धुआँ चहुँओर लिखूँ!
नदी में गिरता रसायन का जहर लिखूँ
या औद्योगिक नालों का काला कहर लिखूँ!!
सफेद चीनी का डराता अट्टहास लिखूँ
या खेत के गन्ने की मिठास लिखूँ!
सोचती हूँ मैं क्या लिखूँ???

गंगापुत्र भीष्म की कठिन प्रतिज्ञा लिखूँ
या दुर्योधन द्वारा की गई अवज्ञा लिखूँ!
महात्मा विदुर के राजमंत्र लिखूँ
या कुटिल शकुनि के षड्यंत्र लिखूँ!!
श्रीकृष्ण का गीता उपदेश लिखूँ
या अर्जुन के बाण का संदेश लिखूँ!
सोचती हूँ मैं क्या लिखूँ???

सोने–चाँदी से चमकती उँगलियाँ लिखूँ
या फटे–चिथड़े से दिखती पसलियाँ लिखूँ!
दौलत के नशे में डूबी हरकतें लिखूँ
या वह बस गुजर–बसर करते लिखूँ!!
प्यार पर दौलत का सख्त वार लिखूँ
या स्वार्थवश दिया महँगा उपहार लिखूँ!
सोचती हूँ मैं क्या लिखूँ???

शब्दों की चाशनी में छुपी कटार लिखूँ
या खुले में लहराती वह तलवार लिखूँ!
दोस्ती में किया असभ्य वार लिखूँ
या दुश्मन का सभ्य व्यवहार लिखूँ!!
अपनों का अपनों पर वार लिखूँ
या एक–दूसरे पर मरता परिवार लिखूँ!
सोचती हूँ मैं क्या लिखूँ???

नर–नारायण का मेल लिखूँ
या ईश्वर का रचा खेल लिखूँ!
भक्ति के अलग–अलग रूप लिखूँ
या परीक्षा की कड़ी धूप लिखूँ!!
मीरा का जोगन स्वरूप लिखूँ
या राणा का रूप कुरूप लिखूँ!
सोचती हूँ मैं क्या लिखूँ???

अमर संवाद की कथा लिखूँ
या अर्जुन के मन की व्यथा लिखूँ!
विश्व की अनमोल धरोहर लिखूँ
या मानुष को दिखाती मंदर लिखूँ!!
कर्मरत रहने की सीख लिखूँ
या फल–प्राप्ति की भीख लिखूँ!
सोचती हूँ मैं क्या लिखूँ???

मीठे शहद की कड़वी सच्चाई लिखूँ
या प्राकृतिक शहद में मिलावट की गहराई लिखूँ!
मधुमक्खियों की संकेतक प्रजाति लिखूँ
या नियोनिक कीटनाशक से मर जाती लिखूँ!!
जैव-विविधता का संरक्षण आवश्यक लिखूँ
या तन-मन को मिलते तत्त्व पोषक लिखूँ!
सोचती हूँ मैं क्या लिखूँ???

छोटी-छोटी खटपट से सजे रिश्ते लिखूँ
या लंबी अवधि तक नहीं सजते लिखूँ!
दांपत्य जीवन में घुलता शक का जहर लिखूँ
या तानाशाही की उठती भयंकर लहर लिखूँ!!
इक-दूजे पर होते रिश्ते हावी लिखूँ
या खत्म होती जिंदगी भावी लिखूँ!
सोचती हूँ मैं क्या लिखूँ???

कोरोना-संक्रमण से मिली सीख लिखूँ
या भौतिकता की चीख लिखूँ!
सादगी का एहसास लिखूँ
या मन के भीतर खुशी लेती साँस लिखूँ!!
शारीरिक व मानसिक ताकत लिखूँ
या निखरती अंतस् की लियाकत लिखूँ!
सोचती हूँ मैं क्या लिखूँ???

प्रदूषण, कोरोना का मिलाप जानलेवा लिखूँ
या बीमारी में स्वजन ही करते सेवा लिखूँ!
निश्चित दूरी, चेहरे पर मास्क अवश्य लिखूँ
या आशंकित भविष्य लिखूँ!!
प्रतिरोधक क्षमता प्रभावित लिखूँ
या होती बीमारी संभावित लिखूँ!
सोचती हूँ मैं क्या लिखूँ???

नियमों की अवहेलना कष्टदायी लिखूँ
या मानुष कर रहा भरपाई लिखूँ!
बीमारी के अनदेखे लक्षण लिखूँ
या चिकित्सक बने रक्षक लिखूँ!!
लक्षणों की अनदेखी भारी लिखूँ
या जिंदगी मौत से हारी लिखूँ!
सोचती हूँ मैं क्या लिखूँ???

सौ साल बाद आई कैसी यह महामारी लिखूँ
या जिंदगी पर मौत भारी लिखूँ!
सूक्ष्म जीवाणु ने मचाई तबाही लिखूँ
या मौत की हर जगह छाई परछाईं लिखूँ!!
घरों में कैद हुआ इन्सान लिखूँ
या प्रकृति का बढ़ता मान लिखूँ!
सोचती हूँ मैं क्या लिखूँ???

संसार एक रंगमंच लिखूँ
या प्रपंच ही प्रपंच लिखूँ!
मनुष्य निभाता किरदार लिखूँ
या ईश्वर को दारोमदार लिखूँ!!
कर्मों का मिलता हिसाब लिखूँ
या इसी जन्म में मिलता जवाब लिखूँ!
सोचती हूँ मैं क्या लिखूँ???

भारत की शान हिमालय लिखूँ
या अनगिनत पशु-पक्षियों का आलय लिखूँ!
चोटी पर चमकती चाँदी लिखूँ
या प्रदूषण की आँधी लिखूँ!!
जीवनदायिनी नदियों का उदगम लिखूँ
या प्रकृति का सुरीला सरगम लिखूँ!
सोचती हूँ मैं क्या लिखूँ???

हिंदी भारत की राजभाषा लिखूँ
या क्यों नहीं बनी राष्ट्रभाषा लिखूँ!
संस्कृत की बेटी, उर्दू की बहन लिखूँ
या अपने ही मगर नहीं करते सहन लिखूँ!!
संसार भर में बज रहा डंका लिखूँ
या आंग्ल की बढ़ती लंका लिखूँ!
सोचती हूँ मैं क्या लिखूँ???

भाषा को अभिव्यक्ति का साधन लिखूँ
या मातृभाषा का होता हनन लिखूँ!
लोक–भाषाएँ होती विलुप्त लिखूँ
या परंपराओं के प्रति लोग सुप्त लिखूँ!!
यों तो करते स्वदेशी–स्वदेशी लिखूँ
या फिर भी शिक्षा का माध्यम विदेशी लिखूँ!
सोचती हूँ मैं क्या लिखूँ???

असल लोकतंत्र का आगाज लिखूँ
या जम्मू-कश्मीर का नया अंदाज लिखूँ!
विकास की बही बयार लिखूँ
या मुस्तकबिल लिखने को तैयार लिखूँ!!
जीवित होती नई आस लिखूँ
या जनता ने रचा इतिहास लिखूँ!
सोचती हूँ मैं क्या लिखूँ???

नई करवट लेता कश्मीर लिखूँ
या मुख्यधारा से जुड़ती तहरीर लिखूँ!
पाक का कश्मीर राग लिखूँ
या राजनीतिक दल सेंकते आग लिखूँ!!
कश्मीर में संतुष्ट हर वर्ग लिखूँ
या सही अर्थों में बना स्वर्ग लिखूँ!
सोचती हूँ मैं क्या लिखूँ???

शब्दों के तीखे तीर लिखूँ
या न भरनेवाली पीर लिखूँ!
घाव बहुत गहरे लिखूँ
या मरहम पर पहरे लिखूँ!!
आत्मा व्यंग्य से छलनी लिखूँ
या फिर भी सजा नहीं मिलती लिखूँ!
सोचती हूँ मैं क्या लिखूँ???

पुरुष-प्रधान समाज लिखूँ
या सड़े-गले रिवाज लिखूँ!
बिन गलती नारी अपमानित लिखूँ
या अहिल्या, द्रौपदी, निर्भया—सब प्रताड़ित लिखूँ!!
समानता की अधिकारी लिखूँ
या फिर भी रही दुःखियारी लिखूँ!
सोचती हूँ मैं क्या लिखूँ??

रात को जागना, दिन को सोना लिखूँ
या खजाना तंदुरुस्ती का खोना लिखूँ!
प्रकृति के विरुद्ध काम लिखूँ
या समय का उचित दाम लिखूँ!!
समय की तेज रफ्तार लिखूँ
या रफ्तार में युवा गिरफ्तार लिखूँ!
सोचती हूँ मैं क्या लिखूँ???

साड़ी को मात्र परिधान लिखूँ
या भारतीय संस्कृति की शान लिखूँ!
नारी की बढ़ती गरिमा लिखूँ
या साड़ी की बढ़ती महिमा लिखूँ!!
साड़ी के विभिन्न रूप लिखूँ
या समय के साथ बदलती स्वरूप लिखूँ!
सोचती हूँ मैं क्या लिखूँ???

सर्दियों की गुनगुनी धूप लिखूँ
या धूप से निखरता रूप लिखूँ!
तेल की मालिश, मूँगफली के दाने लिखूँ
या धूप का महत्त्व बताते सयाने लिखूँ!!
खिड़कियाँ–दरवाजे बंद लिखूँ
या जोड़ों के दर्द से तंग लिखूँ!
सोचती हूँ मैं क्या लिखूँ???

सब्जियों–फलों से परहेज लिखूँ
या जंक फूड से भरी मेज लिखूँ!
कृत्रिम जूस खाने का हिस्सा लिखूँ
या पौष्टिक तत्व बनते किस्सा लिखूँ!!
ए.सी. की शोखियाँ लिखूँ
या विटामिन डी की गोलियाँ लिखूँ!
सोचती हूँ मैं क्या लिखूँ???

सियासी अटकलों का बाजार गरम लिखूँ
या दीदी ने अपनाई राह अधर्म लिखूँ!
चुनाव की जगह हिंसा का प्रचार लिखूँ
या हिंसा से सहमा जनाधार लिखूँ!!
आग लगाती चिनगारी लिखूँ
या ताक में बैठे शिकारी लिखूँ!
सोचती हूँ मैं क्या लिखूँ???

आहार में बदलाव की जरूरत लिखूँ
या मोटे अनाज की अहमियत लिखूँ!
पोषकतत्त्वों की गंभीरता लिखूँ
या भारतीय कृषि की संवेदनशीलता लिखूँ!!
इट राइट इंडिया जैसी पहल लिखूँ
या तंदुरुस्ती की बढ़ती चहल लिखूँ!
सोचती हूँ मैं क्या लिखूँ???

स्वार्थ की राजनीति लिखूँ
या उससे होती दलगत नीति लिखूँ!
संवैधानिक गरिमा पर प्रहार लिखूँ
या संघीय ढाँचे पर वार लिखूँ!!
दोगुनी कृषि आय का सदुपयोग लिखूँ
या राज्य विधायिका का दुरुपयोग लिखूँ!
सोचती हूँ मैं क्या लिखूँ???

अस्त-व्यस्त जीवन-दिनचर्या लिखूँ
या समस्या बढ़ाने का जरिया लिखूँ!
हर समय काम-ही-काम लिखूँ
या काम से नहीं मिलता आराम लिखूँ!!
दुनिया की तेज रफ्तार लिखूँ
या सेहत पर होता वार लिखूँ!
सोचती हूँ मैं क्या लिखूँ???

सत्य की साधना लिखूँ
या ईश की प्रार्थना लिखूँ!
पाखंड की अवहेलना लिखूँ
या भावनाओं से खेलना लिखूँ!!
सुख-दुःख एक समान लिखूँ
या दुःख में मानव परेशान लिखूँ!
सोचती हूँ मैं क्या लिखूँ???

दोस्ती की परिभाषा लिखूँ
या दूर होती निराशा लिखूँ!
सच्ची दोस्ती निस्स्वार्थ लिखूँ
या जीवन का परमार्थ लिखूँ!!
दोस्ती से जीवन आबाद लिखूँ
या ईश्वर से सीधा संवाद लिखूँ!
सोचती हूँ मैं क्या लिखूँ???

डायरी बनी सहेली प्यारी लिखूँ
या अपने तक सीमित रखती बात सारी लिखूँ!
लेखक बनने की प्रथम सीढ़ी लिखूँ
या उद्गारों से परिचित होती भावी पीढ़ी लिखूँ!!
बेखौफ मन के उद्गार लिखूँ
या डायरी में घृणा, प्यार लिखूँ!
सोचती हूँ मैं क्या लिखूँ???

डायरी में छुपा प्रेम का पैगाम लिखूँ
या इजहारे-इश्क सरेआम लिखूँ!
मोहब्बत में टूटकर बिखर जाना लिखूँ
या महबूबा का रोज रूठ जाना लिखूँ!!
जवानी में हुई नजरें चार लिखूँ
या जीवन का सफर मजेदार लिखूँ!
सोचती हूँ मैं क्या लिखूँ???

आजादी की कहानी लिखूँ
या शहीदों की कुरबानी लिखूँ!
प्लासी की लड़ाई लिखूँ
या मीर जाफर की गद्दारी लिखूँ!
मंगल पांडे का विद्रोह लिखूँ
या अंग्रेजों ने कहा देशद्रोह लिखूँ!
सोचती हूँ मैं क्या लिखूँ???

ईश्वर का अनमोल उपहार लिखूँ
या जीवन में मिला दोस्त का प्यार लिखूँ!
मुँहफट कर्कश उसकी तान लिखूँ
या सच्चे दोस्त की यही पहचान लिखूँ!!
चापलूसी से मिली दौलत लिखूँ
या क्षणभंगुर की इज्जत लिखूँ!
सोचती हूँ मैं क्या लिखूँ???

विकास की डगर लिखूँ
या साँसों में घुल रहा जहर लिखूँ!
सड़क पर उड़ती धूल लिखूँ
या जलती पराली का शूल लिखूँ!!
पैदल चलना भूली-बिसरी बात लिखूँ
या बिगड़ते हालात लिखूँ!
सोचती हूँ मैं क्या लिखूँ???

ओ.टी.टी. मंचों पर प्रदर्शित फिल्में लिखूँ
या फिल्मों की किस्में लिखूँ!
कहानी का न सिर और पैर लिखूँ
या बेमतलब की कराते सैर लिखूँ!!
वंशवाद की बेल लिखूँ
या बाहरी से न मेल लिखूँ!
सोचती हूँ मैं क्या लिखूँ???

फिल्मों से बढ़ती जागरूकता लिखूँ
या मनोरंजन के नाम पर अश्लीलता लिखूँ!
लेखन, गायन का नया दौर लिखूँ
या फूहड़ता का मचता शोर लिखूँ!!
तथ्यों के साथ खिलवाड़ लिखूँ
या तिल का बनाते ताड़ लिखूँ!
सोचती हूँ मैं क्या लिखूँ???

पति-पत्नी का रिश्ता पवित्र लिखूँ
या इक-दूजे के बनते मित्र लिखूँ!
अहंकार, अहम से रिश्ते बिगड़ते लिखूँ
या संयम से सँवरते लिखूँ!!
नोक-झोंक से बढ़ता प्यार लिखूँ
या अहम की बढ़ती दीवार लिखूँ!
सोचती हूँ मैं क्या लिखूँ???

स्वयं को समझना लिखूँ
या औरों से उलझना लिखूँ!
चुनौतियों से भागना लिखूँ
या करना उनका सामना लिखूँ!!
हार को जीत में बदलना लिखूँ
या मायूसियों से घिरना लिखूँ!
सोचती हूँ मैं क्या लिखूँ???

चाँद की शीतलता लिखूँ
या निरंतर गतिशीलता लिखूँ!
अंतरिक्ष एक पहेली लिखूँ
या तकनीक बनी सहेली लिखूँ!!
सूर्य की उष्णता लिखूँ
या धरती को मिलती उष्मता लिखूँ!
सोचती हूँ मैं क्या लिखूँ???

घर बनते मकान लिखूँ
या सदस्य इक–दूजे से परेशान लिखूँ!
सहनशीलता की कमी लिखूँ
या आँखों में माँ की नमी लिखूँ!!
लापरवाह युवा पीढ़ी लिखूँ
या भविष्य की लड़खड़ाती सीढ़ी लिखूँ!
सोचती हूँ मैं क्या लिखूँ???

संतोषी व्यक्ति सुखी लिखूँ
या महत्त्वाकांक्षी दुःखी लिखूँ!
संयमित व्यवहार लिखूँ
या संवेदनाओं का व्यापार लिखूँ!!
अध्यात्म की धारा लिखूँ
या सुख–दुःख से किनारा लिखूँ!
सोचती हूँ मैं क्या लिखूँ???

तनाव से परेशान लोग लिखूँ
या इक्कीसवीं सदी का रोग लिखूँ!
हँसने को भी ढूँढ़ते अवसर लिखूँ
या उफ हालात इतने बदतर लिखूँ!!
सहजता को त्यागना लिखूँ
या महामारी में अपनाना लिखूँ!
सोचती हूँ मैं क्या लिखूँ???

राजनीति के पुरोधा लिखूँ
या कलम के योद्धा लिखूँ!
भावुक हृदय कवि सरल लिखूँ
या उसूलों पर अटल लिखूँ!!
झुके नहीं वह मान लिखूँ
या विपक्ष भी करते सम्मान लिखूँ!
सोचती हूँ मैं क्या लिखूँ???

राजनीति बनी महाभारत लिखूँ
या समाप्त हुई सदारत लिखूँ!
पांडवों को मिलता मंच लिखूँ
या कौरव कर रहे प्रपंच लिखूँ!!
धृतराष्ट्र सा पुत्र मोह लिखूँ
या पार्टी के विकास में अवरोह लिखूँ!
सोचती हूँ मैं क्या लिखूँ???

जीवंत लोकतंत्र का उदाहरण आंदोलन लिखूँ
या राजनीतिक रोटियाँ सेंकते संगठन लिखूँ!
जनजीवन को बंधक बनाने का पैंतरा लिखूँ
या राजनीतिक मंशा साधने की परंपरा लिखूँ!!
पारित कानून को खुली चुनौती लिखूँ
या बूढ़ी पार्टी की पनौती लिखूँ!
सोचती हूँ मैं क्या लिखूँ???

दो कुलों की शान लिखूँ
या देवता भी करते मान लिखूँ!
भविष्य का आधार लिखूँ
या इज्जत होती तार-तार लिखूँ!
सुख-समृद्धि की छाया लिखूँ
या फिर भी बेटी परायी लिखूँ!
सोचती हूँ मैं क्या लिखूँ???

2020 का अजब साल लिखूँ
या बना दुनिया के लिए काल लिखूँ!
चिकित्सक, वैज्ञानिक बेहाल लिखूँ
या अधूरी जानकारी का मलाल लिखूँ!!
हर तरफ मचा हाहाकार लिखूँ
या मानव का मानव पर उपकार लिखूँ!
सोचती हूँ मैं क्या लिखूँ???

गरीबों में हाहाकार लिखूँ
या सपने नहीं साकार लिखूँ!
सरकारी स्कीम का फायदा लिखूँ
या पता नहीं कायदा लिखूँ!!
बड़ा परिवार, सीमित साधन लिखूँ
या बाल-श्रम की भर्त्सना लिखूँ!
सोचती हूँ मैं क्या लिखूँ???

तुलसी को मात्र पौधा लिखूँ
या बीमारियों से लड़ता योद्धा लिखूँ!
छोटी सी पत्ती बड़ा सा काम लिखूँ
या सर्दी-जुकाम में देती आराम लिखूँ!!
शुद्ध होती हवा लिखूँ
या हरि प्रिया बनी दवा लिखूँ!
सोचती हूँ मैं क्या लिखूँ???

अकेलेपन की छाया लिखूँ
या अपनों से दूर करती माया लिखूँ!
समय रहते सँभलना लिखूँ
या समय के साथ बदलना लिखूँ!!
रिश्तों में आती दूरी लिखूँ
या जिंदगी अधूरी-अधूरी लिखूँ!
सोचती हूँ मैं क्या लिखूँ???

भाई-बहन का सच्चा प्यार लिखूँ
या प्यार में मिली कड़वी हार लिखूँ!
माँ-बाप का मीठा-मीठा दुलार लिखूँ
या गुरु का ज्ञान भरा भंडार लिखूँ!!
दोस्त संग बीते पलों का आभार लिखूँ
या दोस्ती में छल का व्यापार लिखूँ!
सोचती हूँ मैं क्या लिखूँ???

कागज के खेतों पर हल चलाना लिखूँ
या किसान का यूरिया के लिए डंडा खाना लिखूँ!
आशावानों के उर्वरक डालना लिखूँ
या स्याही से सिंचाई करना लिखूँ!!
कृषि-कानून सारी समस्याओं का हल लिखूँ
या तुच्छ राजनीति करते विपक्षी दल लिखूँ!
सोचती हूँ मैं क्या लिखूँ???

आंदोलन की आड़ में देशद्रोह लिखूँ
या देशद्रोहियों का अलगाववाद से मोह लिखूँ!
बौखलाहट की तसवीर लिखूँ
या हताशा की बढ़ती पीर लिखूँ!!
गलत विचारों पर चुप्पी साधना लिखूँ
या संवाद से पोल खोलना लिखूँ!
सोचती हूँ मैं क्या लिखूँ???

जीवन अनमोल खजाना लिखूँ
या व्यर्थ में उसे गँवाना लिखूँ!
मानुष जन्म अनोखा लिखूँ
या मन से करता धोखा लिखूँ!!
वाणी की मधुरता लिखूँ
या मन में छिपी कटुता लिखूँ!!
सोचती हूँ मैं क्या लिखूँ???

किताबों का संसार लिखूँ
या ज्ञान का भंडार लिखूँ!
राजा-रानी की कहानी लिखूँ
या प्रेम में डूबी जवानी लिखूँ!!
रंग-बिरंगी तितलियाँ लिखूँ
या कहानी में सहेलियाँ लिखूँ!
सोचती हूँ मैं क्या लिखूँ???

रंग-बिरंगे चित्र लिखूँ
या कहानी के पात्र बनते मित्र लिखूँ!
चाचा चौधरी व साबू का किस्सा लिखूँ
या बच्चों के जीवन का हिस्सा लिखूँ!!
कहानियों से सजती जिंदगानी लिखूँ
या किताबें बनती कहानी लिखूँ!
सोचती हूँ मैं क्या लिखूँ???

370-मुक्त नया कश्मीर लिखूँ
या अलगाववादियों की पीर लिखूँ!
विकास पर वोट लिखूँ
या गद्दारों पर चोट लिखूँ!!
विकास की बयार लिखूँ
या कश्मीर पर्यटन तैयार लिखूँ!
सोचती हूँ मैं क्या लिखूँ???

बाल–मजदूरी अपराध लिखूँ
या घर में छोटू, मुन्नी एक–आध लिखूँ!
समाज–सेवा की लहर लिखूँ
या घरेलू कामगारों पर बरसता कहर लिखूँ!!
घरों में नौकरों की कतार लिखूँ
या शरीर बीमारियों का बाज़ार लिखूँ!
सोचती हूँ मैं क्या लिखूँ???

गांधी की अहिंसा नीति लिखूँ
या बात–बात पर होती अनीति लिखूँ!
भारत सद्भावना का देश लिखूँ
या अपने ही देश से द्वेष लिखूँ!!
सत्यमेव का प्रभाव लिखूँ
या संयम का अभाव लिखूँ!
सोचती हूँ मैं क्या लिखूँ???

नीला–नीला गगन लिखूँ
या पंछी आसमाँ में मगन लिखूँ!
प्रकृति का निखरा रूप लिखूँ
या बिन धूल वाली धूप लिखूँ!!
कल–कल बहती नदी लिखूँ
या कोरोना वाली सदी लिखूँ!
सोचती हूँ मैं क्या लिखूँ???

मन के हारे हार लिखूँ
या जीत का संचार लिखूँ!
सपनों की उड़ान लिखूँ
या पग–पग पर तूफान लिखूँ!!
ध्येय की ललक लिखूँ
या मेहनत की कसक लिखूँ!
सोचती हूँ मैं क्या लिखूँ???

मसालों में छिपा स्वास्थ्य लिखूँ
या कोरोना ने दिखाया सत्य लिखूँ!
मानव की संजीदगी लिखूँ
या ईश्वर की बंदगी लिखूँ!!
सादगी की चली हवा लिखूँ
या उसमें ही छिपी दवा लिखूँ!
सोचती हूँ मैं क्या लिखूँ???

सोशल मीडिया द्वारा निजता का हनन लिखूँ
या मानव नहीं करता मनन लिखूँ!
तसवीर का क्यों एक ही रुख लिखूँ
या फेसबुक पर दुःख-सुख लिखूँ!!
देशभक्तों का अकाउंट बंद लिखूँ
या देशद्रोहियों का बढ़ता द्वंद्व लिखूँ!
सोचती हूँ मैं क्या लिखूँ???

चीन का विस्तारवाद प्रलाप लिखूँ
या भारत-पाक का आलाप लिखूँ!
बीस सैनिकों की शहादत लिखूँ
या एक ने सौ को मारा कहावत लिखूँ!!
शीत-लहर में भी हौसला दिखलाया लिखूँ
या तानाशाही चीन बौखलाया लिखूँ!
सोचती हूँ मैं क्या लिखूँ???

पिता का चरित्र महान लिखूँ
या बच्चों में उसका जहान लिखूँ!
बना बरगद की छाँव लिखूँ
या लगाता स्वयं का दाँव लिखूँ!!
बेटी के जीवन का हीरो लिखूँ
या कभी नहीं बनता जीरो लिखूँ!
सोचती हूँ मैं क्या लिखूँ???

दहलीज के भीतर दफ्तर लिखूँ
या वर्क फ्रॉम होम का कल्चर लिखूँ!
आज की आवश्यकता लिखूँ
या घर बैठे सफलता लिखूँ!!
उद्यम लेकिन बरकरार लिखूँ
या मीडिया का चमत्कार लिखूँ!!
सोचती हूँ मैं क्या लिखूँ???

हिमालय पर हौसला बुलंद लिखूँ
या पराक्रम की फैलती सुगंध लिखूँ!
चीन का अतिक्रमण लिखूँ
या भारतीय सैनिकों का आक्रमण लिखूँ!!
चीन को लगा झटका करारा लिखूँ
या 1962 का भय भूला-बिसरा लिखूँ!
सोचती हूँ मैं क्या लिखूँ???

अफवाहों से बढ़ता असमंजस लिखूँ
या मोदीजी का साहस लिखूँ!
खरीद-बिक्री का बढ़ा दायरा लिखूँ!
या उससे होता फायदा लिखूँ!!
निजी निवेश का खुला रास्ता लिखूँ
या अड़ियल रवैए की दास्ताँ लिखूँ!
सोचती हूँ मैं क्या लिखूँ???

परंपराओं का पुनर्जन्म लिखूँ
या टूटता साइंस का भ्रम लिखूँ!
योग-प्राणायाम का शस्त्र लिखूँ
या आयुर्वेद बना अस्त्र लिखूँ!!
नुस्खे दादी माँ के लिखूँ
या युवाओं ने भी समझे लिखूँ!
सोचती हूँ मैं क्या लिखूँ???

स्वास्थ्यकर्मियों का समर्पण लिखूँ
या कोरोना पर नियंत्रण लिखूँ!
फर्ज़ निभाने की प्रवृति लिखूँ
या मन–कर्म की नहीं निवृत्ति लिखूँ!!
मानसिक थकान का दौर लिखूँ
या बढ़ता हुआ शोर लिखूँ!
सोचती हूँ मैं क्या लिखूँ???

अंगद का दुश्मन से संवाद लिखूँ
या विभीषण का भाई से होता वाद–विवाद लिखूँ!
धोबी की बातों से बढ़ता द्वंद्व लिखूँ
या राजा राम का अंतर्द्वंद्व लिखूँ!!
राजा–प्रजा का संबंध लिखूँ
या रामराज पर निबंध लिखूँ!
सोचती हूँ मैं क्या लिखूँ???

कच्ची छत का ठंडा मकान लिखूँ
या कंक्रीट की गरम दुकान लिखूँ!
चंदन की महकती खुशबू लिखूँ
या स्थिर पानी से आती बदबू लिखूँ!!
कल-कल बहती नदियों की आवाज लिखूँ
या भूगर्भ में छुपे अनेक राज लिखूँ!
सोचती हूँ मैं क्या लिखूँ???

सुंदरी का मिलना बार-बार लिखूँ
या उससे ठगा जाना कई बार लिखूँ!
मस्ती में छाया मस्त सुरूर लिखूँ
या मिलन की घड़ी कोसों दूर लिखूँ!!
उनके चेहरे का सतरंग नूर लिखूँ
या जन्नत में बसी मस्त हूर लिखूँ!
सोचती हूँ मैं क्या लिखूँ???

रसूख पैसे से बिकते पुरस्कार लिखूँ
या बेवजह वे करते तिरस्कार लिखूँ!
दौलत की बदौलत आती गरमी लिखूँ
या सारी हदें पार करती बेशर्मी लिखूँ!!
सोने-चाँदी की बजती खनक लिखूँ
या उससे उपजी चेहरे की चमक लिखूँ!
सोचती हूँ मैं क्या लिखूँ???

सर्द हवा का बदलता मिजाज लिखूँ
या सफलता का नया आगाज लिखूँ!
उगते सुर्ख सूरज पर नई किताब लिखूँ
या चंदामामा की नरमी लाजवाब लिखूँ!!
काली अमावस की भयावह रात लिखूँ
या चाँद-तारों की रूहानी बारात लिखूँ!!
सोचती हूँ मैं क्या लिखूँ???

लाल आसमाँ से बरसती आग लिखूँ
या रिमझिम बरखा का राग लिखूँ!
साँप सी लहराती काली सड़क लिखूँ
या चौराहे पर बिकती चाय कड़क लिखूँ!!
पश्चिमी घाट की छोटी पगडंडी लिखूँ
या शिमला की सर्द रात ठंडी लिखूँ!
सोचती हूँ मैं क्या लिखूँ???

सपनों में आई उनकी बारातें लिखूँ
या उनके बिन गुजरी सर्द रातें लिखूँ!
ढोलक से निकलती मधुर ताल लिखूँ
या भूख से हुआ बचपन बेहाल लिखूँ!!
औरों के कपड़े धोती धोबन लिखूँ
या धोबन का तीखा तेज यौवन लिखूँ!
सोचती हूँ मैं क्या लिखूँ???

बेटी के सपनों की उड़ान लिखूँ
या राह में आते तूफान लिखूँ!
पिता की लाड़ली परी लिखूँ
या बाधाओं से नहीं डरी लिखूँ!!
तरक्की के नए आयाम लिखूँ
या करती नहीं वह आराम लिखूँ!
सोचती हूँ मैं क्या लिखूँ???

नारी–शरीर को मानते खिलौना लिखूँ
या हवस का एक बिछौना लिखूँ!
राक्षस से भी बदतर बलात्कारी लिखूँ
या मृत्युदंड का अधिकारी लिखूँ!!
मोमबत्ती वाले प्रदर्शनकारी लिखूँ
या नारी–जिस्म के नए व्यापारी लिखूँ!
सोचती हूँ मैं क्या लिखूँ???

शहरी महिला की विचित्र माया लिखूँ
या पराये बच्चे पालती आया लिखूँ!
इकलौते बच्चे के पचास नखरे लिखूँ
या रिक्शाचालक के रेट अखरे लिखूँ!!
मॉल की दुकान का किराया लिखूँ
या मालिक बना कोई पराया लिखूँ!
सोचती हूँ मैं क्या लिखूँ???

रंगमंच पर गुजारी खूबसूरत शाम लिखूँ
या कलाकार की परेशानी आम लिखूँ!
सिर उठाकर शिद्दत से जीना लिखूँ
या बढ़ते खर्चों से आया पसीना लिखूँ!!
वफादार की मीठी-मीठी यारी लिखूँ
या पीठ पर खंजर की तैयारी लिखूँ!
सोचती हूँ मैं क्या लिखूँ???

बिन सोचे–समझे विरोध लिखूँ
या करते नहीं क्यों शोध लिखूँ!
आतंक का सभ्य चेहरा लिखूँ
या युवाओं को बनाता मोहरा लिखूँ!!
संस्कृति का उत्थान लिखूँ
या बदलते इतिहास का उन्वान लिखूँ!
सोचती हूँ मैं क्या लिखूँ???

ज्ञान परंपरा का प्रतिनिधि ग्रंथ लिखूँ
या बताता धर्म–न्याय का पंथ लिखूँ!
अर्जुन का उद्वेलित मन लिखूँ
या कृष्ण की वाणी संत–सम लिखूँ!!
युद्ध–क्षेत्र में ईश का कथ्य लिखूँ
या जीवन का कटु सत्य लिखूँ!
सोचती हूँ मैं क्या लिखूँ???

उल्लास और समता के पर्व लिखूँ
या भारतीय होने का गर्व लिखूँ!
होली का अनूठा विधान लिखूँ
या सहृदयता मेल-मिलाप प्रधान लिखूँ!!
स्वस्थ परिहास का प्रचलन लिखूँ
या कलुषता का प्रक्षालन लिखूँ!
सोचती हूँ मैं क्या लिखूँ???

गलतियों को सहना लिखूँ
या मात्र जिंदा रहना लिखूँ!
स्वयं की पहचान लिखूँ
या बढ़ती शान लिखूँ!!
समय का साथ लिखूँ
या साथ-साथ चलता परमार्थ लिखूँ!
सोचती हूँ मैं क्या लिखूँ???

नया दौर, नया हिंदुस्तान लिखूँ
या जैविक खेती करता किसान लिखूँ!
पारंपरिक खेती की चाहत लिखूँ
या धैर्य से मिलती राहत लिखूँ!!
सत्कर्मों की खेती लिखूँ
या दुष्कर्मों की रेती लिखूँ!
सोचती हूँ मैं क्या लिखूँ???

हर मोर्चे पर अडिग मुखिया लिखूँ
या आलोचक बने दुखिया लिखूँ!
लोकप्रिय नेता, सख्त प्रशासक लिखूँ
या बदहवास सारे आलोचक लिखूँ!!
सुधारवादी उसकी पसंद लिखूँ
या वैश्विक छवि बुलंद लिखूँ!
सोचती हूँ मैं क्या लिखूँ???

तनाव से मुक्ति की चाहत लिखूँ
या लालच से नहीं राहत लिखूँ!
डायरी में विचार लिखूँ
या कभी थोड़े कभी हजार लिखूँ!!
प्रकृति का साथ लिखूँ
या विकास का बढ़ता हाथ लिखूँ!
सोचती हूँ मैं क्या लिखूँ???

भारत में प्रगति की लहर लिखूँ
या आतंक पर बरसता कहर लिखूँ!!
विकास की हवा जन-जन मस्त लिखूँ
या अपराधियों के हौसले पस्त लिखूँ!
सालों बाद मिला कर्मठ प्रधानसेवक लिखूँ!
या उसपर विश्वास करता जन हर एक लिखूँ!!
सोचती हूँ मैं क्या लिखूँ???

संभावनाओं का बढ़ता संसार लिखूँ
या हुनर–कौशल की तेज धार लिखूँ!
राह में बाधाएँ अनगिनत लिखूँ
या अनमोल मेहनत की कीमत लिखूँ!!
नित नए–नए उगते सपने लिखूँ
या पीठ पर वार करते अपने लिखूँ!
सोचती हूँ मैं क्या लिखूँ???

आतंक में लिप्त नापाक लिखूँ
या भुखमरी से बेहाल पाक लिखूँ!
लाउडस्पीकर पर होती जंग लिखूँ
या खुदा–ईश्वर दोनों दंग लिखूँ!!
जोर–शोर से होती अजान लिखूँ
या पत्थर बरसाते भाईजान लिखूँ!
सोचती हूँ मैं क्या लिखूँ???

मोदी की दूरदर्शिता लिखूँ
या विपक्षियों की विफलता लिखूँ!
विश्व में मोदी का बढ़ता कद लिखूँ
या विपक्षियों की टूटती हद लिखूँ!!
देशद्रोहियों से मिली गालियाँ लिखूँ
या अच्छे कार्यों पर तालियाँ लिखूँ!
सोचती हूँ मैं क्या लिखूँ???

मन की बात करता प्रधान सेवक लिखूँ
या सर्व प्यारा प्रधान अध्यापक लिखूँ!
कभी-कभी बनता दार्शनिक लिखूँ
या कुछ को लगता काल्पनिक लिखूँ!!
पढ़ता हर बच्चे का मन लिखूँ
या स्वच्छता का देता मार्गदर्शन लिखूँ!
सोचती हूँ मैं क्या लिखूँ???

हर समस्या की जड़ युद्ध लिखूँ
या समस्या का हल बुद्ध लिखूँ!
धर्म–संस्कृति के रक्षक धैर्यवान लिखूँ
या मन में बसा शैतान लिखूँ!!
लोकतंत्र में विपक्ष की भूमिका असरदार लिखूँ
या देश के प्रति ना वफादार लिखूँ!
सोचती हूँ मैं क्या लिखूँ???

विश्व पटल पर नए भारत का उदय लिखूँ
या कुछ देशों की अर्थव्यवस्था शून्य लिखूँ!
मानव अधिकार को अधिकार लिखूँ
या हित साधन का औजार लिखूँ!!
नक्सलियों की पैरोकारी लिखूँ
या देश के प्रति गद्दारी लिखूँ!
सोचती हूँ मैं क्या लिखूँ???

आक्रांताओं की बर्बरता लिखूँ
या फलती-फूलती सनातनी सभ्यता लिखूँ!
लव-जिहाद पर नहीं विराम लिखूँ
या मानव तस्करी का नया आयाम लिखूँ!!
मस्जिद में मिले भोले बाबा लिखूँ
या मंदिर का स्वरूप काबा लिखूँ!
सोचती हूँ मैं क्या लिखूँ???

मुफ्तखोरी की होती राजनीति लिखूँ
या दिवालिया राज्य की स्थिति लिखूँ!
सत्तर साल का नासूर लिखूँ
या विकास का नया दस्तूर लिखूँ!!
धूप को छाँव, छाँव को धूप लिखूँ
या भ्रष्टाचार के नए-नए स्वरूप लिखूँ!
सोचती हूँ मैं क्या लिखूँ???

सौर ऊर्जा में बढ़ते कदम लिखूँ
या कार्बन उत्सर्जन न्यूनतम लिखूँ!
सौर गठबंधन महत्त्वपूर्ण लिखूँ
या घर-घर होते रोशन लिखूँ!!
आत्मनिर्भरता में बढ़ता कदम लिखूँ
या विदेशों पर निर्भरता कम लिखूँ!
सोचती हूँ मैं क्या लिखूँ???

समय का समरूप वटवृक्ष लिखूँ
या आरोग्य का परिचायक कल्पवृक्ष लिखूँ!
वृक्षों में वास चैतन्य सत्ता लिखूँ
या वृक्षोपासना की महत्ता लिखूँ!!
जीवन में वृक्षों का महत्त्व लिखूँ
या वृक्षों में विद्यमान देवत्व लिखूँ!
सोचती हूँ मैं क्या लिखूँ???

जहरीली हवा में बंधक साँस लिखूँ
या ग्लोबल वार्मिंग बनी फाँस लिखूँ!
इ–कचरे का बोझ ढोती धरती लिखूँ
या विकास की दौड़ में दहकती लिखूँ!!
माफिया बना कबाड़ कारोबारी लिखूँ
या दामाद वो सरकारी लिखूँ!
सोचती हूँ मैं क्या लिखूँ???

आक्रांताओं के प्रति सद्भाव लिखूँ
या अपनी ही संस्कृति से अलगाव लिखूँ!
कोमल मन को दूषित करता इतिहास लिखूँ
या वामपंथियों का एजेंडा खास लिखूँ!!
प्रोजेक्ट थेसेलोनिका का कार्य घृणित लिखूँ
या निशाने पर हिंदू संस्कृति लिखूँ!
सोचती हूँ मैं क्या लिखूँ???

कोलाहल का बरपा कहर लिखूँ
या बहरों का बनता शहर लिखूँ!
ध्वनि प्रदूषण का बढ़ता कोलाहल लिखूँ
या योगी का चलता बुलडोजर लिखूँ!!
लाउडस्पीकर पर रोक कारग़र लिखूँ
या अस्तित्व बचाने का अंतिम अवसर लिखूँ!
सोचती हूँ मैं क्या लिखूँ???

धुएँ के आघात से जिंदगी त्रस्त लिखूँ
या उज्ज्वला से जीवन मस्त लिखूँ!
प्लास्टिक कबाड़ से दूषित पर्यावरण लिखूँ
या कपड़े के थैलों का पुनर्जन्म लिखूँ!!
प्लास्टिक से होते हालत बदतर लिखूँ
या कचरे में छिपा अनमोल अवसर लिखूँ!
सोचती हूँ मैं क्या लिखूँ???

सिकंदर बुतपरस्त ने कराया कन्वर्जन लिखूँ
या हिंदुओं का कश्मीर से विस्थापन लिखूँ!
मस्जिदों से गूँजता शालिव लिखूँ
या शैतानी आवाजें गालिव-चालिव लिखूँ!!
आतंक से बिगड़ा जनांकिक संतुलन लिखूँ
या शिकारी को मिला संवैधानिक संरक्षण लिखूँ!
सोचती हूँ मैं क्या लिखूँ???

नवसवंत्सर पर मचा बवाल लिखूँ
या तुष्टीकरण की राजनीति पर सवाल लिखूँ!
चैन-शांति से याद आते ईश लिखूँ
या उल्लास में जिहादी घोलते विष लिखूँ!!
धर्मांतरण की भयावह तस्वीर लिखूँ
या हजारीबाग में कैराना और कश्मीर लिखूँ!
सोचती हूँ मैं क्या लिखूँ???

शिक्षा में राजनीतिक हस्तक्षेप लिखूँ
या अपनी ही संस्कृति से द्वेष लिखूँ!
मनगढ़ंत इतिहास का जाल लिखूँ
या सांस्कृतिक पुनर्जागरण का भव्य काल लिखूँ!!
अल्पसंख्यक–बहुसंख्यक की तकरार लिखूँ
या इन्सान का इन्सान पर वार लिखूँ!
सोचती हूँ मैं क्या लिखूँ???

ऑपरेशन गंगा की गजब कामयाबी लिखूँ
या भारत का हरेक नागरिक नावाबी लिखूँ!
जनहित को तत्पर प्रधान लिखूँ
या विश्व में मिलती पहचान लिखूँ!!
मोदी जैसे नेता की चाहत लिखूँ
या विश्व–गुरु बनने को अग्रसर भारत लिखूँ!
सोचती हूँ मैं क्या लिखूँ???

□□□